Marketing digital

Cómo pasé de $0 a $7294 en 13 días. Las estrategias secretas del marketing en Internet reveladas para crear y aumentar proporcionalmente tu negocio.

Riley Reive

© Copyright 2017 Riley Reive - Todos los derechos reservados.

Si desea compartir este libro con otra persona, por favor, compre una copia adicional para cada destinatario. Gracias por respetar el duro trabajo de este autor. De lo contrario, la transmisión, duplicación o reproducción de cualquiera de los siguientes trabajos, incluida información específica, se considerará un acto ilegal independientemente de si se hace por medios electrónicos o impresos. Esto se extiende a la creación de una copia secundaria o terciaria de la obra o una copia grabada y sólo se permite con el consentimiento expreso por escrito de la Editorial. Todos los derechos adicionales reservados.

TABLA DE CONTENIDO

Glosario...5

Introducción...7

Capítulo 1: La última estrategia de marketing en Internet.........................12

Capítulo 2: El último plan utilizado por el 5% de los vendedores exitosos..16

Capítulo 3: Un proceso paso a paso para crear su máquina de dinero automática...21

Capítulo 4: Página de Squeeze..25

Capítulo 5: Los secretos de un magneto guía efectivo (lead magnet).......31

Capítulo 6: Email Marketing - El dinero está en la lista..........................36

Capítulo 7: La Página de ventas finales...44

Capítulo 8: Tráfico web Explosivo...54

Capítulo 9. Incrementa tus ventas haciendo creer a la gente todo lo que les escribes...74

Capítulo 10: Análisis web: medición y mejora......................................85

Conclusión..94

Los mejores recursos para hacer dinero en línea....................................96

Glosario

Información de negocios: Es un negocio basado en ventas de productos digitales, como PDF, audio y video.

Embudo: un modelo de marketing que conduce a un cliente potencial a través de pasos específicos para convertirse en un cliente

Facebook Ads: plataforma de publicidad utilizada por Facebook

Google Adwords: sistema de anuncios publicitarios utilizado por Google

Página de destino: Es una página a la que se accede haciendo clic en un enlace y cuyo objetivo principal es obtener la información de contactos del público objetivo

Página de Squeeze u Optin: Página usada para capturar el correo electrónico de un cliente potencial

Generación de guía: proceso de construcción de una lista de clientes potenciales

Email marketing: es un tipo de marketing directo para llegar a los clientes potenciales directamente a través de correos electrónicos que pueden tener diferentes objetivos: la promoción, dando información y recursos.

Autoresponder: software para la gestión de marketing por correo electrónico

Construcción de la lista: actividades para aumentar el tamaño de la lista de correo

Lista de correo: Base de datos de direcciones de correo electrónico

Página de ventas: Es la página que contiene la presentación de su producto / servicio

Redacción de textos publicitarios: Es una técnica para escribir un texto que influye en las personas y las lleva a tomar una acción que desea

Análisis Web: Es la medición, recopilación, análisis y reporte de datos de Internet para comprender y optimizar el uso de la web

Introducción

Los siguientes capítulos tratarán del marketing en línea, también conocido como marketing en Internet o marketing en la web, el cual es una de las formas más eficaces para crear un negocio exitoso en línea y un ingreso pasivo.

Con el término de la comercialización del Internet, nos estamos dirigiendo a una actividad de vender productos y servicios en línea.

Esta es una definición simple que todo el mundo sabe, pero la comercialización del Internet es más que eso.

Se está creando un producto o un servicio para una venta en línea que se basa en información práctica:

• Ayuda a resolver un problema real y se siente como muy urgente por el prospecto.

• Ayuda a mejorar la vida del cliente en algunos campos específicos.

• Enseña a hacer algo o a hacerlo mejor.

Si piensas en ello, todos tenemos necesidades que cumplir, y hay personas que ofrecen la solución a estas necesidades.

Esto siempre sucede, en cualquier lugar, incluso fuera de línea.

Pero si miras atentamente, la gente pasa innumerables horas delante de su computadora y teléfono inteligente, siempre conectado en Facebook, Instagram, Snapchat y Google y así sucesivamente.

Por ejemplo, en 2016 Facebook tuvo 1,71 billones de usuarios activos en todo el mundo y 191,3 millones sólo en EE.UU. ....

... 1 billón de usuarios "diarios" activos en todo el mundo.

¿De verdad crees que no hay un mercado adecuado para ti por ahí? ¿De verdad crees que no hay nadie dispuesto a pagar por algo en lo que eres bueno por ahí?!

Esto es decir que todo lo que tienes es un billón de personas de todo el mundo a las cuales vender ...

No estoy diciendo que es simple para llegar a estas personas, usted tiene que tener un buen producto y un gran marketing.

En Internet, usted puede encontrar una gran cantidad de información valiosa, pero en el medio de éstos, hay un montón de mierda, lo que significa que usted debe gastar una gran cantidad de energía y tiempo para encontrar los recursos adecuados.

No todas las personas tienen energía y tiempo para perder, y son precisamente las que dan valor al dinero y son conscientes de cuánto vale la pena el tiempo.

Estas personas están tan dispuestas a pagar por una buena información, eficaz y actualizada.

Hay miles de personas cada día vendiendo sus productos / servicios y ganan miles de dólares por mes, y usted va a ser el siguiente con la información que le voy a revelar.

Hay dos formas principales de convertirse en parte del mundo del marketing online.

Primero: Usted vende un producto digital de otra persona como afiliado, lo que significa que puede promover productos de afiliados y dejar que alguien se preocupe por la creación de páginas de ventas, entregando productos, soporte de ventas, servicio al cliente.

Además, usted no tiene que crear ninguna marca o algún producto. **Sin embargo**, usted tiene que dominar ya las estrategias de marketing en Internet.

Segundo: Cree productos digitales para vender. Muy similar a la primera opción, usted crea su propio producto que todo el mundo alrededor del mundo puede descargar inmediatamente después de ser comprado. Esta opción sólo se recomienda si usted es un experto en un campo en particular y puede probar que hizo un buen producto.

Si usted no respeta estos estándares, nadie comprará su producto.

Permítanme darles un consejo: **Centrese en la segunda vía** porque debe "impulsar" su propio negocio. ¿Qué sucederá cuando el tipo detrás del negocio que usted consiguió como afiliado desaparece?! ¿Qué pasa si decide cambiar las reglas del programa de afiliados?!

¡Esto significa que perderás tus ingresos!

Así que, ¡cree su propia marca y su propio producto, sea libre! Te enseño todo lo que necesitas saber acerca de las técnicas de marketing online.

¿Cuáles son los beneficios de la comercialización del Internet?

1- Capacidad de gestionar sus horarios

2- Escale rápidamente

3- Capacidad para trabajar desde cualquier parte del mundo

4- Trabaja solo para ti

Además, no es necesario tener un título universitario.

Lo importante es dar cosas veraces y trabajar. De lo contrario, podría arriesgar su reputación en la web.

Elija un nicho, recopile una gran cantidad de información y hágase de una gran experiencia. Descubra información que pueda resolver un problema que la gente tenga o mejore una situación específica.

Después de todo esto, creo que no hay nada más que decir ...

Yo "sólo" voy a revelar las estrategias que trabajan en línea para ganar mucho dinero.

Capítulo 1

La última estrategia de marketing en Internet

Para tener éxito con su marketing en línea y hacer un montón de dinero, es necesario responder a preguntas específicas que valen la pena y no subestimar a los novatos.

Te garantizo que si tiene éxito para responder a estas preguntas harán su actividad de marketing muy clara y más poderosa de que uno de los vendedores del 95% de por ahí.

Esta es una estrategia paso a paso que usted tiene que seguir para dominar cada mercado.

Análisis -> Plan -> Haz tu propio embudo -> Medición -> Mejoras -> Dinero (mucho: D)

Empecemos con la parte de análisis ...

Lea las siguientes preguntas, haga su análisis usando Google y anote las respuestas.

1. Conozca su negocio

¿Los productos / servicios son adecuados para la promoción en línea? ¿Qué significa que ya hay alguien por ahí?

2. Conozca a sus competidores

¿Quiénes son los principales competidores en el mercado online?

¿Qué están haciendo bien (para imitar) y mal (para aprender)?

¿Qué no hay que hacer (¿hay una oportunidad para encajar?) ¿Y cómo puede diferenciar su oferta de la de ellos?

¿Cómo estructuran su sitio y qué hay del contenido?

¿Hay un competidor que se destaca de la multitud?

Identificar la competencia y analizar sus puntos de éxito y sus fracasos es una excelente fuente de ideas y posibilidades para ser competitivo en línea.

Simplemente escriba las frases clave de su nicho en los motores de búsqueda.

¿Qué tipo de experiencia ofrecerá estos sitios? ¿Cómo se puede mejorar? ¿Qué pasa con el contenido?

3. Conocer a sus clientes

¿Quiénes son los clientes y qué quieren?

¿Qué características y hábitos?

¿Cuáles son sus expectativas?

Este es un paso esencial si queremos "entregar" el mensaje correcto a la persona adecuada, en el mejor momento y lugar.

Siempre recuerde que nunca debe tratar de vender su producto a tantas personas como pueda, sino que siempre debe buscar la mayor probabilidad de conversión.

La gente de hoy quiere sumergirse en experiencias positivas que satisfagan sus necesidades.

Usted debe centrarse en la percepción de los consumidores en esa experiencia y no tanto en el producto, en la creencia de que una experiencia positiva puede ser capaz de desencadenar un fuerte sentido de plenitud y realización.

En el siglo XXI para captar la atención de los clientes potenciales, las emociones se vuelven extremadamente importantes.

El consumidor está cada vez más atento a la calidad ya la estética; Es un consumidor hedonista que busca placer e intenta evitar el miedo.

Por lo tanto, debe transmitir los estímulos sensoriales más adecuados para convencer al cliente sobre la renuncia y la naturaleza insustituible del producto.

4. Conozca su destino

¿Qué desea obtener de marketing en línea? ¿Qué resultados buscas?

Establezca metas claras, mensurables y alcanzables.

Y compare su progreso con sus indicadores clave de rendimiento (KPI).

Capítulo 2

El último plan utilizado por el 5% de los vendedores exitosos

¿Cómo le gustaría configurar un sistema simple que recoja las direcciones de correo electrónico de sus clientes potenciales y entonces les haga marketing automáticamente? Estamos por supuesto hablando de algo que puede configurarse en un día en casi cualquier nicho para hacer dinero y no toma ninguna gran habilidad o talento.

Lo que es realmente sorprendente acerca de la comercialización del Internet, de hecho, es que una vez que haya creado el sistema que te voy a mostrar, va a seguir trayendo dinero durante su ausencia también. Funcionará como una tienda verdaderamente automatizada que se vende por sí misma.

Este sistema se llama "embudo de ventas", manténgalo en mente.

Y este es el esquema sintético del embudo de ventas clásico ...

IMPORTANTE

Tráfico Web -> página squeeze u opt-in page -> O.T.O (opcional) -> email marketing (seguimiento) -> Página de ventas -> DINERO !!

Sólo tiene que configurar este sistema y luego ponerlo a trabajar para usted, pero los nuevos vendedores vacilan en hacer esto. ¿Es porque el sistema parece demasiado fácil para ser eficaz? ¿O porque los nuevos vendedores temen no saber todos los pasos implicados?

No te preocupes, mi amigo, tendrás todo lo que necesitas para empezar hoy.

Todo comienza con el tráfico. ¡Si usted no tiene una buena fuente de tráfico (visitantes), en Internet nadie lo va a notar!

El tráfico debe estar siempre en el blanco, lo que significa que es potencialmente interesado en ese tema.

P.ej. Si su producto resuelve un problema gastrointestinal entonces su sitio web irá a la gente que está sufriendo ese problema específico. Al parecer, parece obvio, pero no para todos por ahí.

El tráfico se debe enviar en una página de squeeze, conocida como opt-in página, así, y NO en una página de ventas. Pero vamos a hablar en profundidad sobre el tráfico web al final, porque antes de que deba centrarse en la construcción de una efectiva página de squeeze, el seguimiento y página de ventas.

¡De hecho, tratar de vender el producto de inmediato, es un error que puede comprometer su negocio!

¡Normalmente la gente que navega en Internet está buscando información, no exactamente para comprar!

Como ya he dicho, esto significa que la parte de ventas vendrá en un segundo momento, tras la adquisición de información y la creación de una relación y confianza entre "info marketer" y cliente potencial.

De hecho, tratar de vender directamente después de un potencial cliente entra en su página web es un error mortal.

¡Así que, si usted envía inmediatamente tráfico en una página de ventas, usted tiene que esperar que los visitantes compren su producto o servicio durante la primera visita porque, de lo contrario, lo más probable es que va a perderlos para siempre!

Así que la primera regla es que su página de squeeze se convierta en su página de destino (página de destino donde aterrizan los visitantes).

Aquí ejemplos de página de squeeze: https://goo.gl/n7opDX

Una página de compresión es una página utilizada para "capturar correos electrónicos", porque su propósito es permitir a las personas liberar sus correos electrónicos, dando a cambio información valiosa en forma de PDF, audio o video.

Dar información de intercambio invaluable sólo por un correo electrónico sin pedir o peor hablar de dinero, hace que la gente esté más dispuesta a actuar.

Pero una buena página de squeeze hace más que esto - también precalifica la perspectiva, asegurándose de que usted está atrayendo solamente al grupo específico de gente que estará interesado en su lugar particular y los productos que usted promueve.

Así que, si su mercado objetivo son los chicos que recientemente terminaron una relación a largo plazo y están buscando volver a salir, su página squeeze va a hablar directamente a ellos - no a los chicos que han estado solteros y juegan en el campo durante años o para chicos en una relación. Y si su mercado objetivo es la gente que toma vacaciones de lujo, su página hablará directamente a ese mercado y excluye completamente a los turistas con un presupuesto.

Así que si usted da información de forma gratuita, que habla de un tema adecuado para sus clientes, es muy probable que un alto porcentaje de ellos pueda dejar su correo electrónico por un recurso gratuito (llamado "plomo imán").

La recolección de correo electrónico se destinará a constituir su lista de clientes potenciales (lista de correos).

Este proceso se llama generación de leads, que es el proceso de construcción de una lista de clientes potenciales.

Y esto la espina dorsal de cualquier negocio de la información de digital, de hecho, en los EEUU solemos decir: "El dinero está en la lista".

Después de convertir a los visitantes en clientes potenciales (liberando su correo electrónico), entonces tendrá que convertirlos en "prospectos", que son clientes muy potenciales listos para abrir sus "billeteras" y para comprar sus productos o servicio.

Lo vas a hacer con un proceso llamado "nutriendo al lead", que es en concreto el envío de una secuencia automática de correos electrónicos, que se llama follow-up, que se utilizará para "educar" sus pistas sobre su posicionamiento de marca, que es básicamente Cómo diferenciarse de sus competidores, y "alimentar" a sus contactos con contenido útil y potenciales ofertas interesantes.

El último paso antes de la venta va a ser la carta de ventas o página de ventas.

Una sola página que contiene, idealmente, pocas imágenes (vídeo opcional) y mucho texto.

Capítulo 3

Un proceso paso a paso para crear su máquina dinero automática

Una vez que entienda la importancia de un buen embudo de ventas, lo primero que tendrá que proporcionar es una buena estructura en su página web.

¡Comience a ser consciente de por qué está haciendo un sitio web y quien es la audiencia!

¿Para qué sirve mi sitio web?

Saber precisamente su objetivo al estar construyendo su sitio web es crucial para tener éxito.

Debe dirigirse a un grupo específico de personas y sólo a él: El mercado objetivo (que identificó en la parte de análisis).

Tenemos que pensar en cómo los usuarios tendrán acceso a ella y lo que esperan encontrar y sobre todo cómo se satisfarán sus necesidades.

Pongámonos en sus zapatos, o mejor, pregúnteles directamente qué les gustaría ver o hacer en el sitio.

También es importante mostrar que la página se actualiza continuamente, así como el producto / servicio que está vendiendo.

Esto aumenta nuestra credibilidad y reputación, simplemente insertando una fecha de auto-actualización en el sitio principal.

Dado que estamos hablando de cómo obtener un sitio web atractivo, es obligatorio mencionar el concepto de usabilidad, que es un proceso que tiene como objetivo hacer el sitio web más amigable y fácil de usar.

La teoría de la usabilidad de la web es bastante fácil de conseguir:

Un diseño simple para eliminar la frustración de la experiencia de los usuarios. Si busca más información y actualiza constantemente visite: www.usability.gov

Asegúrese de que su sitio web es un tipo de "respuesta", lo que significa que se va a adaptar el contenido de las páginas en función del dispositivo que las personas estén utilizando, en lugar de utilizar un dominio independiente para los teléfonos inteligentes.

También, sobre la estructura del sitio - la forma en que la información es ordenada y agrupada, y la forma en que los usuarios navegan - puede afectar en gran medida su usabilidad, su posición en los resultados de las páginas (SERP) y su potencial de conversión de tráfico.

Las palabras clave que nuestro tipo de usuario potencial debe darnos es una buena indicación del contenido, que están buscando.

Organizamos el contenido para que la información más importante se resuma en los niveles más altos.

En la práctica, ¿qué está buscando su cliente potencial? ¿Cómo lo buscan y cuáles son las mejores maneras de asegurarse de que su sitio web pueda proporcionarlo?

Saber cuáles son las "palabras activadoras" de nuestro objetivo también nos permite construir buenos textos para leer (un ejemplo es la estructura-F), comprensibles y útiles, aumentando las posibilidades de que el cliente potencial va a leer el texto que usted ha preparado tan cuidadosamente.

Una de las técnicas más utilizadas, para entender el nivel de usabilidad de su sitio web, es la simulación de uso.

Por ejemplo, solicite la retroalimentación de usuarios "normales" que visiten su sitio con objetivos muy específicos que usted esté proporcionando.

Un pequeño secreto: Si no quieres perder el tiempo simplemente copia de "los mejores".

Identifica quién es el líder de su categoría (no necesariamente en su nicho) y copia su solución.

Por ejemplo: Si su sitio web es un comercio electrónico, ¿alguna vez pensó en usar el proceso consolidado de Amazon?

Por la forma en que voy a mostrar cómo exactamente tiene que ser su sitio web, de acuerdo con la estrategia de embudo de ventas.

Capítulo 4

Página de Squeeze

En primer lugar, vamos a hablar de su página de squeeze que tendrá que colocar en la página de inicio, porque esta es la página a la que se enviará todo el tráfico.

Lo que significa: Página de inicio = página squeeze = página de destino

¡Es importante que el tema sea "ligero" y tenga poco gráficos porque Google ama sitios rápidos!

Hay reglas específicas que debe seguir, tales como:

• El encabezado, la parte superior, debe ser pequeña / estrecha y contiene el "logo", el "nombre del sitio" y la barra de navegación donde están los "botones de navegación":

1. Página de inicio (que simplifica enormemente la navegación) (va a ser su página de squeeze)

2. Sobre nosotros o sobre mí (si lo haces solo)

Esto es crucial si usted no quiere ser confundido con un estafador.

Ponga su foto simple y descríbase usted mismo en relación con el nicho de su sitio (recuerde posicionarse como "el experto de ...".

3. Contactos (aclare la posibilidad de ser contactado para obtener información)

Por ejemplo, info [en] tu sitio web. De esta forma su correo no es capturado desde spambots.

4. Recursos Gratis (aquí debe tener su página de squeeze si en la página de inicio en la que desea construir un blog)

IMPORTANTE: no mencionar ningún producto pagado o venta, usted va a hacer su "promoción" de la actividad a través de marketing por correo electrónico.

No se apresure a vender y ser en su lugar uno de los vendedores web 5% exitoso, que desde el principio dar tanta información valiosa y mucho valor sin pedir nada a cambio (sino por el correo electrónico).

De esta manera, usted da una oportunidad a los clientes potenciales de obtener lo que eres y ganar confianza en ti.

• Evite poner la nube de etiquetas, archivos y Adsense, porque hacen que el sitio web sea más pesado, y no sean bien pagados a menos que tenga un tráfico diario de millones de personas: D.

• La parte final del sitio se denomina "pie de página" en la que deberá introducir sólo "nombre de sitio", "número de IVA" y "política de privacidad".

Por cierto, toda la atención del visitante debe estar en el texto y opt-in box.

Aquí ejemplos de opt-in box: https://goo.gl/Ti92n2

- Utilice fuentes simples como Tahoma y Times New Roman.

- Respecto al color de la fuente que utiliza predominantemente negro sobre fondo blanco, aparte del título que debe ser azul o naranja.

Nótese bien que puede utilizar WhatFont (plugin) para saber la fuente que los buenos vendedores están utilizando en una página y copiar el color usado.

- Evite las palabras subrayadas. Lo único que se permite de vez en cuando es la negrita.

- Cada 2-3-4 filas deja un espacio en blanco ... esto se llama "chunking" que hace un texto más claro.

- El título debe estar centrado y el texto del cuerpo alineado a la izquierda y no justificado (de lo contrario crea un texto percibido como más pesado).

- A la derecha, coloque la caja de opt-in.

Los ojos de la gente de hecho leen antes el titular, el segundo título (si lo hay), a continuación, el cuerpo del texto a la izquierda y el punto de bala finalmente va en el opt-in cuadro de la derecha. (Para encontrar un buen ejemplo a través del enlace web que acabo de darle)

Usted debe dejar claro el cuadro de opt-in para liberar el correo electrónico y dónde ponerlo. Debe haber un botón de "llamada a la acción" muy grande que puede decir: "¡Sí, quiero saber!" O "Ver video" o "Libre acceso instantáneo" o "Enviarme el libro electrónico" y así sucesivamente ... esto es totalmente hasta su archivo que va a regalar.

El único propósito de la copia del botón es obtener el clic. Eso es. Aquí está la copia del botón que debe probar en contra de cualquier otra cosa que desee probar, "Haga clic aquí para descargar". Se ha demostrado que funciona muy bien y venció a la mayoría de los controles, así que inténtelo. Además, haga que su botón se destaque de todo lo demás en la página, por lo que el espectador no pueda perderlo.

• Un texto más bajo que hace que la gente se sienta más segura, como: Puede darse de baja en cualquier momento con un simple clic. "

En general, es bueno **sólo requerir un correo electrónico** porque mientras más información requiera menor "conversión" va a hacer.

• Un buen autoresponder conectado a la caja opt-in, que de inmediato y automáticamente envíe un seguimiento de correo electrónico a aquellos que acaban de lanzar su correo electrónico para recibir el homenaje.

Aweber es el mejor autoresponder que hay por ahí.

El autoresponder guarda los correos electrónicos que recibirá, así como crear una base de datos real, su lista de correo electrónico.

Pequeños consejos: no cree una página de opt-in a través de la respuesta automática, ya que por lo general tienen una tasa de conversión baja, sino que utilice Leadpages.

• Después de descargar el informe gratuito, muestre al cliente potencial una "página de agradecimiento" que explique, claramente y no dé lugar a dudas de lo que se espera.

Siempre especifique quién va a ser el remitente del correo electrónico.

Ejemplos de página de agradecimiento: https://goo.gl/3KTxGp

Elija el que prefiera más.

En la "página de agradecimiento" puedes hacer una oferta de DYNAMITE que solo verán una vez. Esto se llama O.T.O., una oferta de tiempo.

Es un tiempo super limitado, una vez solamente, consígalo ahora o lo pierde por siempre más o menos la clase de trato. El valor debe ser a través del techo y tiene que valer mucho, mucho más que el precio de venta. Por ejemplo, este es un gran lugar para ofrecer un producto más vendido de $97 por $29.99.

Una alternativa es ofrecer un juicio de $1 en una membresía popular. Si también puede ofrecer una tarifa mensual más baja en una membresía de alto precio, o si la membresía está en la categoría de $ 7 a $ 20 por mes, debe hacerlo muy bien.

Recuerde, usted quiere promover algo en la Página de Agradecimiento porque aquí es donde usted quiere romperlo incluso.

Es decir, si está comprando publicidad, desea que los beneficios de su página de agradecimiento paguen por su publicidad, por lo que todo lo que haga en sus embudos es pura ganancia.

Capítulo 5

Los secretos de un magneto guía efectivo (Lead Magnet)

Para recibir correos electrónicos de su cliente potencial, ya le dije que tiene que ofrecer algo gratuito que su cliente potencial perciba útil.

El imán de plomo o lead magnet realmente tiene que ser la primera "pieza de información cautivadora", una especie de mini producto.

Esto tiene que proporcionar valor real al suscriptor. Puede aliviar un dolor, resolver un problema, satisfacer una curiosidad ardiente, ayudarles a lograr una meta, etc, pero sea lo que sea, tiene que ser algo que la gente quiera. Si es tan buena la gente PAGARÍA por ella entonces usted probablemente consiga un ganador.

No confunda a su perspectiva en este punto. Si su regalo libre tiene 100 ventajas diferentes para el suscriptor, su oferta será diluida. En su lugar, centrese en un beneficio GRANDE que este regalo gratuito va a darles.

Sus principales funciones son:

• Dar un "primer gusto" libre de la calidad de lo que usted ofrece, para aumentar la curiosidad y el deseo de sus clientes potenciales para saber más.

• "Educar" a su solución / posicionamiento, tal vez "destruyendo" falsas soluciones que no permiten a su cliente lograr resultados reales y / o duraderos.

• Permitir que sus clientes potenciales comiencen a conocerte y a establecer una relación de confianza con ellos. Recuerde siempre que la confianza es esencial para vender en línea.

... Siempre recuerde que la primera pieza de información que va a dar debe estar bien hecha y de buena calidad, porque si regala algo de mala calidad, nunca tendrá otra oportunidad de hacer una buena primera impresión a su lead.

En primer lugar, usted tendrá que hablar de un tema que es muy "sentido" por su nicho comercial de referencia. En general, funciona muy bien la creación de un informe que se centra en los problemas o algo polémico a que se enfrentan.

IMPORTANTE: Es bueno dar una representación gráfica de su imán de plomo poniendo una imagen en 3D ... Ex. Un disco compacto con un cd mp3 si usted está dando un archivo de audio, un libro para un pdf y una cubierta de DVD si está regalando un video, para dar "solidez" a lo que vamos a regalar, creando una percepción de mayor valor.

Incluso un título llamativo, llamado título, normalmente proporciona un buen cebo.

Algunos títulos que serán efectivos para su imán de plomo:

• El gran engaño ...

• Las 7 verdades y la mitad sobre ...

• El código secreto de ...

• Los 3 (+1) secretos ...

No cometas el error fatal de empaquetar un informe que es apenas un "pretendimiento" para poner en la publicidad de tu producto pagado.

Del mismo modo no ser demasiado tacaño con la información.

O al contrario, regalando mucha información ... de esta manera no sienten la necesidad de comprar un producto más completo y detallado.

Usted tendrá que encontrar el equilibrio adecuado, así que dé la información de la calidad que es interesante percibida por sus clientes potenciales, con la mezcla derecha de la calidad y de la cantidad de información dentro del informe libre.

IMPORTANTE: El mejor truco es esto: explique el "qué" y no el "cómo" (o, si es necesario, sólo una pequeña parte de "cómo").

Al otro lado con respecto a un número de páginas ...

... Un PDF nunca debe ser menor de 20 páginas, espaciado de párrafo 1.5, fuente 14, texto alineado a la izquierda, y cada 2 hasta 4 líneas dejan un espacio en blanco para hacer una lectura fluida.

Un informe de audio o video nunca debe ser inferior a 20 minutos.

De cualquier manera, dar menos sería percibido un poco como una broma, y dar más se arriesgaría a "apagar" al cliente potencial.

Debe crearlo en el formato que se sienta más cómodo, y si no tiene ninguna preferencia en particular, siempre prefiera el audio o video a una cuestión de confianza con respecto a sus clientes potenciales ...

... El video en particular, si se hace bien, tiene un poder increíble en la transmisión de la confianza.

Además de PDF, audio o video de su elección, hay dos alternativas al informe clásico:

• Dar una pequeña "parte" de su producto (probarlo y ver los resultados que obtendrá).

• Seminario por correo electrónico, que es un mini curso dividido en varias partes del formulario de correo electrónico.

IMPORTANTE: Como te dije evitar absolutamente hablar de la venta en los informes especiales o incluso mencionar una venta en su sitio web.

Cada instrumento tiene su función y la función de ventas pertenece única y exclusivamente a la página de ventas. A través de los otros instrumentos (blog, lead magnet, broadcast email) debes dar información y entrenamiento, vale la pena.

Capítulo 6

Email Marketing - El dinero está en la lista

Una vez que recibió el correo electrónico de su cliente potencial, para ganar dinero con su negocio de información digital, es necesario comunicarse con sus clientes potenciales en varias ocasiones.

Esto es exactamente lo que tiene que ver con su marketing por correo electrónico.

El marketing por correo electrónico es una forma de marketing directo a través de la cual se puede acceder a la bandeja de entrada de usuarios con mensajes de correo electrónico que pueden tener diferentes objetivos: promoción, información y recursos.

Esto significa bajos costos de envío, la oportunidad de ser recordado con el tiempo sin invertir en costosas campañas de branding, respuesta directa y gran control de los resultados.

Sin embargo, la gente no responde a correos electrónicos que no reconocen.

Por lo tanto, es bueno crear una lista de clientes invitándolos a recibir nuestros e-mails (a través de la página de compresión).

Estamos hablando de correos electrónicos que normalmente contienen información valiosa y una llamada a la acción para llevar a sus seguidores a su página de ventas.

Asegúrese de que todo su contenido está directamente relacionado con la razón por la que se inscribieron en el primer lugar. Compartir consejos que les ayudarán a resolver su problema o ayudarles a mover su pasión hacia adelante. Cuanto más útil sea su información, más le leerán sus correos electrónicos y comprarán sus productos.

El origen del contenido es simplemente encontrar contenido en línea que es grande y compartirlo con sus lectores. Recuerde dar crédito por el contenido. Y escriba sus propios pensamientos e introducción para el contenido.

Por supuesto, no sólo desea utilizar el contenido de origen, también desea crear el suyo propio. Usted puede hacer esto escribiéndolo usted mismo, contratando a alguien para escribirlo o comprando los derechos al contenido.

Sólo asegúrese de que todo lo que comparten con sus lectores proporciona un valor inmenso y les ayuda a alcanzar sus objetivos, y se quedarán suscritos.

A lo largo de este libro te digo lo importante que es dar contenido valioso, porque la gente necesita confiar en ti antes de comprar algunos productos tuyos, además de hacerlo porque es lo correcto, ayude a la gente tanto como pueda.

El sujeto anticipa el contenido y debe transmitir curiosidad a los lectores.

Su objetivo es hacer un correo electrónico eficaz, fácilmente memorable y atractivo.

Sobre la gestión y envío de correo electrónico de marketing es bueno contar con un autoresponder, que hará todo el trabajo para nosotros automáticamente, como Aweber.

... Usted tendrá que utilizar un autoresponder profesional, vinculado a su opt- en la caja, que es la verdadera arma secreta de los vendedores del Internet exitosos del 5%!

• Funciona automáticamente ahorrándote mucho tiempo y trabajo

• Es invisible para el cliente potencial que le permite tener su dirección de correo electrónico

• Gestiona la adquisición de direcciones de correo electrónico a través de un cuadro opt-in

• Envía un e-mail a la base de datos de la lista de correo electrónico

• Crea una secuencia de correo electrónico, llamada seguimiento, cuyo envío está espaciado en el tiempo

• Cuando los prospectos compran sus productos, se cambia automáticamente a otra lista, eliminándola de la primera.

Básicamente, cuando usted ha convencido a su líder para darle el correo electrónico, y ha creado su programa de correo espaciado en el tiempo (seguimiento), todo lo demás es automático.

A intervalos que usted ha establecido, el autoresponder se pondrá en contacto con sus clientes potenciales con cartas personalizadas que los invitará a su página de ventas (o leyendo un artículo en su blog, viendo un video que preparó para sus clientes potenciales, etc.

Usted por supuesto será la programación de todos sus correos electrónicos en un autoresponder para que todo el proceso sea totalmente automatico para usted. Una vez que una persona se une a su lista, comienzan a recibir los correos electrónicos en su autoresponder en los intervalos que ha configurado.

En su primer correo electrónico asegúrese de incluir el regalo gratuito. También puede escribir una breve nota dándoles las gracias por suscribirse. No lo haga demasiado formal - deje algo de su personalidad comenzar a brillar desde el principio.

Haga preguntas - "¿Qué ayuda necesita?" "¿Cuál es su opinión sobre ___" Escribir correos electrónicos como si estuviera escribiendo a un amigo; Corto, agradable, al punto, etc.

Cuando envíe un correo electrónico promocional, envíe un segundo correo electrónico al día siguiente preguntando si recibieron el correo electrónico. Esta es una forma eficaz de duplicar la respuesta en su correo electrónico inicial sin promoverla dos veces.

Cuando promueves un producto, promociona varios días, porque esto demuestra que realmente crees en el producto y no solo tratas de ganar dinero rápido. Además, la promoción del mismo producto múltiples días desgasta la resistencia de ventas de sus suscriptores.

Aquellos que están sentados en la valla son mucho más propensos a saltar de la valla cuando se les recuerda varias veces para hacerlo. Y si usted está ofreciendo un descuento especial, limitado de tiempo, es aún más eficaz.

Envíe mensajes de correo con contenido estricto antes de una promoción. Por ejemplo, si usted sabe que va a vender un programa en 3 días que resuelve un problema específico, hable sobre el problema de antemano. Esto les hace pensar que quieren una solución, y ¡POW! En el día siguiente o dos se los ofreces a ellos.

Esto es especialmente eficaz si ofrecen soluciones parciales en su contenido. Por ejemplo:

Una manera de posiblemente deshacerse de las espinillas es usar este remedio casero - que podría funcionar para algunas personas.

(Correo electrónico 2) Traiga más dolor, ofrezca otra solución posible que podría funcionar para algunos, y hágales saber que su solución favorita está llegando mañana.

(Email 3) Recuerda entonces la humillación de las espinillas, pero está bien, porque ahora tienes la solución, ¡aquí está!

Recuerde no bombardear su lista con diferentes ofertas – deles un buen contenido, también. A veces, proporcionar un buen contenido es tan fácil como recomendar un vídeo que encaja con su tema. No es difícil. El secreto es descubrir qué funciona, ponga eso en su autoresponder y deje al sistema hacer el trabajo por usted.

Además, puede ponerse en contacto cuando lo desee, por medio de la lista de su cliente potencial con correos electrónicos individuales, llamado difusión, y haga promociones específicas de su producto o productos asociados.

Un aspecto a tener en cuenta al respecto es la frecuencia de los correos electrónicos: el envío muy rara vez significa desaparecer de la atención del cliente, mientras que a los correos electrónicos es probable que lo irriten.

Lo que puedes hacer en este caso es crear una prueba Split A / B, a través de Aweber, con al menos 1500 envíos para tener resultados fiables.

La prueba dividida significa que intenta dos versiones diferentes de su texto de correo electrónico en la misma muestra dividida, lo que significa que en este caso 750 correos electrónicos a una muestra y 750 correos electrónicos a otra muestra de la misma lista.

En este caso, debe medir:

• El número aproximado de personas que abrieron el correo electrónico (tarifa abierta)

• Cuando lo abren

• En qué vínculos hicieron clic (tasa de clics)

• El porcentaje de personas que han abierto el correo electrónico y luego han hecho clic en el sitio web (tasa de clics sobre las aperturas o haga clic para abrir la tasa)

• ¿Quién no abre correos electrónicos?

- El tipo de correo electrónico con las mejores tarifas abiertas

- El seguimiento de correos electrónicos que "rebotan" a diario

- El número de personas que se han cancelado la suscripción de la lista

- Qué clientes / proveedores han bloqueado los mensajes

Una forma de "reenfoque" vía correo electrónico se llama "evento de correo electrónico desencadenado".

Correo electrónico generado automáticamente por eventos específicos que activan un envío.

Un ejemplo:

Un cliente potencial va a comprar en su sitio web al cual se ha suscrito. Él prefiere comparar en primer lugar con otras soluciones, y decidió no completar la compra, dejando el "carrito de la compra".

En este caso, una estrategia de marketing sofisticada está utilizando este abandono como un disparador para enviar un correo electrónico personalizado automáticamente, por ejemplo, después de un día, con un recordatorio del producto que seleccionó y una invitación para completar la compra.

Capítulo 7

La Página de Ventas Finales

La página de ventas es la presentación de sus productos, y esto significa que, si no se hace la página de ventas, se arriesga a vender muy poco o nada ...

Aquí ejemplos de página de ventas: https://goo.gl/hhLGdR

Una carta de ventas que funciona es el resultado de reglas específicas de marketing web donde no hay espacio para la "creatividad".

En esta sección, vamos a discutir sólo el diseño de una carta de ventas, y ¡los errores que nunca harán!

Hablaré del contenido de la sección Redacción.

En este caso es muy importante evitar el encabezado y comenzar directamente con un titular centrado.

• Texto izquierdo con buenos márgenes a la derecha o a la izquierda de la pizarra gráfica, los textos no deben estar demasiado apretados ni unidos a los bordes, dejando un espacio vacío cada 2-3 máx. De 4 líneas de texto.

• Ningún enlace o botón que enlaza a páginas externas (especialmente si otro es otro sitio web).

- Clara y comprensible Tamaño de fuente 14 y título 29. Normalmente se recomiendan: Arial y Tahoma.

- Para los testimonios, debe usar Georgia.

No exagere con los gráficos: palabras en negritas y mayúsculas, resaltado en amarillo, y así sucesivamente.

Los "ingredientes" de una excelente página de ventas (en este orden)

1. Un buen titular (recuerde las comillas)

El primer elemento básico de una página eficaz de ventas de marketing en Internet es el titular. Al igual que un periódico vende basado en los titulares de primera plana, su página de ventas IM va a conseguir espectadores en base al título principal. Por lo tanto, usted tiene que estar seguro de hacer esto lo más persuasivo posible, mientras que listas en una sola frase el beneficio más grande de su producto o servicio tiene que ofrecer al cliente potencial.

A algunos vendedores les gusta hacer uso de una estrategia de tres cabezas.

El encabezado se compone típicamente de tres elementos:

1. Pre-encabezado-> se utiliza para introducir el título principal

2. Título -> es el que tiene los mayores beneficios y el desencadenamiento

3. Sub-encabezado -> aclara el título y le dice a la persona qué hacer a continuación. También añade la urgencia.

Como usted sabe, el título es lo más importante en la página. Tiene que ser tan convincente, debe ser una declaración u oferta que inmediatamente provoque una respuesta emocional y los prospectos se queden leyendo el resto de la copia.

Fecha de actualización automática con el día actual, ya que da una sensación de actualidad a la carta de ventas en sí. (Se puede hacer con un simple script)

2. Nombre y apellido (o nombre de pluma, que es útil si desea participar en varios negocios)

En el momento en que se comporten honestamente y tienen un buen producto, no hay ningún problema con el nombre.

3. La foto personal (quien entre en la página de las ventas necesita entender que hay una persona verdadera detrás de eso)

Debe ser una foto real y debe sonreír.

4. Carta de ventas de vídeo (opcional) Usted explica los beneficios de su producto

5. Testimonios perfectos

Cuando alguien visita una página de ventas, es posible que no tengan idea de quiénes son o por qué deben comprarle a usted. Con el fin de hacer caso de que usted es realmente digno de confianza, usted tiene que mostrar sus credenciales o conseguir que otras personas atestigüen por usted.

Puede probar su producto con su familia y amigos y pida sus testimonios, o a los primeros 10 miembros de su lista, usted va a proponerles el producto gratis con la condición de que le den su testimonio si tienen gusto por su producto.

Los testimonios son muy muy útiles porque aumentan el valor percibido de su producto.

Quien le da su testimonio, idealmente, también debería permitirle publicar su foto, su apellido y la ciudad de residencia usando la fuente "Courier New" (también puede copiar directamente el comentario de Facebook).

Si se recogen y utilizan con sabiduría, los testimonios (especialmente de vídeo) son en todas partes la forma más poderosa para aumentar las ventas y resolver las dudas y la renuencia de muchos clientes.

Deben hablar posiblemente de:

1. El problema que tenía el cliente antes de conocerte

2. Sobre cómo se ha resuelto gracias a su producto / servicio / soporte

3. ¿Qué resultados obtuvieron?

Los perfiles sociales permiten a las personas verificar que el testimonio está "vivo", y hacer preguntas también. Le aseguro que es una práctica muy común y si es bien utilizado funciona muy bien.

6. Técnicas de redacción de textos

Cada buena historia de noticias comienza con un gancho, y su página de ventas también quiere implementar esta técnica. Un gancho puede ser una o dos frases que realmente agarran la imaginación y la atención del lector.

Hay un arte real para la creación de ganchos eficaces, pero sobre todo es algo que hará al lector pausar un poco y que va a desencadenar una respuesta emocional. Si el gancho es efectivo, hace exactamente lo que su homónimo dice: Engancha al lector a leer el resto de su página de ventas.

Seamos claros aquí. A nadie le gusta pasar mucho tiempo leyendo cartas de ventas. Generalmente, un gran número de personas por ahí encuentran que la lectura es una tarea. Por lo tanto, tienes que hacerlo interesante y emocionante. Tienes que hacer que el lector quiera leer el resto de la historia. Sin el gancho, el titular no es suficiente. Tienes que tener en cuenta la forma en que la gente recorre una historia o una página de ventas para decidir si vale la pena leerlo a fondo.

Primero, leyeron el titular. Si eso los agarra, leerán las primeras frases. Entonces, lo más probable es saltar a los puntos de la bala o los subtítulos para decidir explorar más profundamente en la carta de ventas.

Si sus primeras frases son aburridas, es cuestión de tiempo para que pierdas a la persona que está navegando en la web para ir con otro vendedor del Internet. Usted tiene que hacer que las primeras pocas oraciones cuenten porque eso puede ser la única cosa que un visitante lea para decidir si continuar con su oferta o no.

Voy a explicar mejor estos disparadores en la parte de redacción.

• Lista de viñetas y lista numerada

Junto con las buenas técnicas de redacción, si usted va a través de un número de páginas de ventas de marketing en Internet, usted encontrará que casi todos tienen una cosa en común: una lista con viñetas de los beneficios.

Ésta es la mejor manera de enumerar sus ventajas debido a la manera que la gente escanea una página de ventas antes de decidir qué leer. La lista con viñetas hace que sea fáciles de escanear los principales beneficios y luego leer cualquier detalle si el principal beneficio es atractivo.

El orden de los elementos con viñetas es importante también. Usted desea enumerar los beneficios más grandes primero y trabajar su manera abajo. Una vez más, esto se debe a que la gente tiende a empezar a leer y luego pierde interés cuanto más leen. Por lo tanto, para mantenerles leyendo, ponga los beneficios más jugosos en la parte superior y trabaje en su camino hacia los beneficios más débiles en la parte inferior de la lista.

Asegúrese de enumerar todas las ventajas que pueda imaginar, incluso si la lista funciona en varias páginas. Si el visitante no quiere leerlos, simplemente se desplaza al siguiente subtítulo.

- E-cover 3D del producto (¡¡¡elija imágenes simples, claras, que todos puedan de las cuales se pueda captar inmediatamente el significado!!!)

Junto con la cubierta puede comenzar a enumerar con viñetas las características o especificaciones del producto o servicio en detalle.

IMPORTANTE: Dependiendo de la longitud de su curso, puede dividirlo en piezas por lo menos 5-6 + bonificación, algunas de las cuales serán el plato principal, y otros bonos.

Esto se hace para aumentar el valor percibido del producto. De hecho, la perspectiva debe pensar "esto es realmente un montón de cosas."

Para hacer la cubierta, usted puede ir a Fiverr requiriendo una "cubierta 3D" por $ 5.

En Fiverr puedes buscar "fabricante de portadas 3D".

7. Garantía de devolución de dinero

Desde un mínimo de 30 días o 60 días.

Conocí a tanta gente preocupándose por esto, pero tenga en cuenta que, la gente está acostumbrada a guardar lo que compró a menos que se hable de algo falso o que no funcione.

8. Usa un botón de compra con una clara "llamada a la acción", como ya te mostré en la página de compresión.

Cada página de ventas debe tener una llamada a la acción. Usted podría pensar que los visitantes tienen suficiente iniciativa para encontrar el botón "Comprar ahora" y hacer clic en él. A menudo, ese no es el caso.

La gente debe ser conducida cada paso del camino a través de su página de ventas para que sepan lo que se espera de ellos y lo que puede ofrecer a cambio. Puede parecer simplista, pero pedir la venta es una de las cosas más importantes que necesitas en tu página de ventas. Puede literalmente duplicar su eficacia haciendo esa llamada a la acción.

9. Atención al cliente

El cliente potencial todavía puede tener algunas preguntas, así que escribe en el pie de página:

"Para cualquier pregunta o si necesita ayuda: (su correo electrónico)".

Esto parece muy simple, pero muchas personas de IM lo evitan por temor a estar "demasiado disponibles". No es necesario dar una dirección física, sino tener un número de teléfono o una dirección de correo electrónico donde la gente pueda comunicarse con usted para preguntar por las ventas o hacerle preguntas antes de una venta y eso es bueno. Esto demuestra que usted es una persona real en vivo que está haciendo negocios en línea y no sólo un sitio web estafador.

IMPORTANTE Cuándo vas a responder a un correo electrónico, hazlo lo más rápido posible.

10. La página de pedido

La página de pedido es la página que un cliente potencial verá después de hacer clic en el botón de compra (añadir al carrito).

Desea dar instrucciones realmente claras para el proceso de pedido. Debe ser como si alguien que nunca ha pedido en línea de repente encontró su sitio y quería ordenar.

¿Cómo explicaría el proceso de pedido a ellos? Esta es la forma en que quieres hacer las cosas: lo suficientemente simple como para que un niño entienda cómo ordenar. Debe tener instrucciones paso a paso que son muy fáciles de seguir y no dejan lugar a malentendidos.

11. Como un método de pago, debemos centrarnos completamente en Paypal, como una cuestión de confianza y popularidad sobre el mismo. Sería mejor utilizar también tarjeta de crédito y transferencia bancaria.

Finalmente, después de que le hayan pagado, usted tendrá que presentar al cliente una página de descarga, a través de la cual pueden descargar el producto que acaba de comprar.

IMPORTANTE

Una de las mejores maneras de averiguar cómo escribir páginas de ventas eficaces es tomar un vistazo a los que te inspiran a comprar.

Sólo tienes que ir en línea y empezar a hacer su propia investigación visitando sitios de sus competidores y ver cómo han construido sus páginas para generar ventas.

No hay razón para que no puedas usar algunas de sus estrategias en tus propias páginas. Incluso puede descubrir algunos desencadenantes psicológicos de los cuales no eran conscientes, pero que son muy eficaces para su nicho de mercado. Sólo asegúrese de no copiar su copia de ventas literalmente. Eso se llama plagio.

En su lugar, busque las ideas detrás de las palabras y las estrategias de marketing que están utilizando. A continuación, cree sus propias páginas de ventas con sus propias palabras e imágenes para ayudarle a lograr resultados aún mejores.

Capítulo 8

Tráfico Web Explosivo

Los primeros meses en los que estás en línea con tu Info Business, tienes que preocuparte, sobre todo, de atraer visitantes a tus páginas.

Es importante darse cuenta de que no hay tráfico libre. Usted está pagando el tráfico con su tiempo o con su dinero. Y cuanto antes usted puede pagar con su dinero, mejor, porque entonces usted puede comenzar a hacer crecer su negocio a un ritmo mucho más rápido.

Independientemente de si está pagando por tiempo o por dinero, hay maneras inteligentes y formas no tan inteligentes de conseguir tráfico. Inicialmente, puede ser muy frustrante tratar de crear flujos de tráfico por usted mismo. Por ejemplo, iniciar un blog y tratar de hacer que la gente entre al blog para que puedan llegar a su página de compresión es un trabajo duro y lleva tiempo. Vale la pena la inversión, pero dese cuenta de que probablemente no va a pagar por seis meses o más.

Es por eso que cuando comienza por primera vez, desea encontrar los flujos de tráfico que ya están en su lugar y aprovecharlos.

Si está comprando tráfico, gaste el dinero que se necesita para obtener un buen tráfico. El tráfico barato no es una ganga cuando las personas no se convierten. Normalmente, cuanto menos pague el tráfico, menor será la calidad, pero puede haber excepciones. Facebook, por ejemplo, puede ser una fuente de tráfico con un precio muy razonable para que se conviertan realmente bien.

Para el tráfico libre, los medios sociales son su lugar # 1. Publica a menudo y en todas partes. Se puede publicar un gran contenido y ser útil. Encuentra páginas de fans y hazte miembro, y envía ese tráfico a tu página de acceso.

Si puede, asóciese con otras personas que tienen listas y haga negocios. Ofrezca pagarles para poner una bandera en su sitio o recomendarle a sus lectores. En el Blog de Invitado, y al final de sus mensajes ofrezca a los lectores un regalo gratuito. Haga intercambios de anuncios con otros propietarios de listas y propietarios de sitios web. Ofrézcase para pagar una tarifa a los propietarios de grandes listas si van a ofrecer su regalo gratuito a sus suscriptores. Esto funciona especialmente bien en cualquier nicho que no sea el nicho de IM, ya que los dueños de listas grandes en otros nichos no se acercan con este tipo de ofertas tan a menudo.

Y tenga en cuenta, una vez que haya configurado su embudo, puede dedicar casi todo su tiempo a conseguir tráfico, porque todo lo demás se ejecuta en automático. Esto significa que una vez que usted pueda permitirse comprar su tráfico, esto se convertirá prácticamente en un negocio automático, y usted puede invertir su tiempo a la creación de un segundo y un tercer embudo, y así sucesivamente.

El tráfico está, por supuesto, conectado con la comercialización de su producto. De hecho, incluso si recibe los mismos visitantes cada mes puede hacer muchas más ventas que antes si trabaja en su comercialización.

Sin embargo, olvídese de que un Web site con muy pocas visitas puede hacer mucho dinero.

NO compre listas de correo electrónico, NO envíe spam en blogs, foros y Facebook. La única cosa que usted conseguiría será ser insultado, prohibido por los administradores y cero ventas.

Acerca de la comercialización en línea mientras el cliente objetivo potencial le perciba a usted como una persona real y cerca de él (para los problemas, para la actitud, etc) más le facilitará todo el proceso de compra.

Te mostraré ahora la mejor manera de atraer tráfico a tu sitio web.

◊ **Crear y administrar un programa de afiliados**

¡Esta es por mucho una de las mejores técnicas y potencialmente más potente para traer un montón de tráfico a su sitio!

De hecho, usted puede beneficiarse de una cantidad de afiliados, que a cambio de una comisión por cada copia vendida (entre 30% y 40%) que le ayudará a vender sus productos a su objetivo potencial.

Personas interesadas en su programa de afiliados para convertirse en afiliados tienen que inscribirse en su programa de afiliados simplemente, y después de eso los procedimientos para patrocinar un producto en línea son típicamente dos:

• Uso de enlaces y banners que patrocinan productos y se incorporan en su sitio web.

• Informe a su lista de correo electrónico (también conectado directamente al tema) de su producto con sus enlaces de afiliados.

Por ejemplo: "He encontrado este recurso realmente interesante sobre cómo aumentar el volumen de su abs. Le sugiero que compruebe aquí."

Ambos enlaces que son banners son identificadores, es decir, significa que el código es diferente para cada afiliado.

Este sistema hará posible trazar de forma precisa y automática el tráfico generado por sus afiliados.

Como compensación por ventas se reconocerá por afiliado una comisión, sobre la base de un determinado porcentaje resultante de cada venta, que tiene que ser de alrededor del 30%.

El mejor sitio en el que publicar su programa de afiliados, y encontrar miles de afiliados rápido es Jvzoo..

◊ Referencias (tráfico que recibe de otros sitios web)

Siempre son técnicas útiles, y especialmente hace la diferencia cuando su sitio nació recientemente y no tiene un montón de seguidores y evangelistas.

- Publicación de invitado

Es la herramienta más importante para atraer tráfico a su sitio, independientemente de la edad del sitio y su nivel de autoridad, incluso si está empezando.

Es un artículo original publicado en otro blog que ya tiene un seguimiento por lo que le dará visibilidad.

Anote una lista de Influenciadores con un blog bien conocido y con un montón de tráfico en su amplio nicho

1. Establezca relaciones con estos Influenciadores, interactúe con ellos en lo social, comparta y comente sobre su mejor contenido.

2. Pídales que escriban un POST DE INVITADO

3. Créelo

4. Ingrese una fuerte LLAMADA A LA ACCIÓN en la parte inferior de la publicación para suscribirse a su lista.

- Proyecto conjunto

Colaboraciones entre bloggers, donde se promocionan entre sí. Usted puede conseguir esto incluso después del post de invitado de forma recíproca.

◊ Clasificación de motores de búsqueda y SEO

Estar posicionado en los motores de búsqueda significa estar en las primeras posiciones de Google con palabras clave relevantes para su negocio.

Si todavía estás empezando, no es conveniente hacer SEO, porque SEO toma mucho tiempo para que adquieras grandes habilidades las cuales no se pueden aprender de la noche a la mañana.

E incluso sabiendo SEO llevaría meses, tal vez años depende de su nicho, para las posiciones de Google ranking.

Google mismo habla con cuidado de esta práctica:

La decisión de contratar a un especialista en SEO es una gran decisión que potencialmente puede mejorar su sitio y ahorrarle tiempo, pero también puede ocasionar daños a su sitio y a su reputación. Asegúrese de entender cuáles son los beneficios potenciales, así como los daños que un SEO irresponsable puede hacer a su sitio. Muchos SEO y otras agencias y consultores proporcionan servicios útiles para propietarios de sitios web, incluyendo:

• Examen del contenido o estructura del sitio

• Asesoramiento técnico sobre desarrollo de sitios web, por ejemplo, alojamiento, redirecciones, páginas de error, uso de JavaScript

•Desarrollo de contenido

• Gestión de campañas en línea para el desarrollo de actividades comerciales

• Investigación de palabras clave

• Formación para SEO

• Experiencia en mercados y áreas geográficas específicas

Si está pensando en utilizar los servicios de un SEO, cuanto antes, mejor. Uno de los mejores momentos para comenzar a utilizar los servicios de un SEO es coincidir con un rediseño del sitio, o la planificación para lanzar un nuevo sitio. De esta manera, usted y su SEO puede asegurarse de que su sitio tendrá un diseño que facilita la exploración de los motores de búsqueda. Sin embargo, un buen SEO también puede ayudar a mejorar un sitio existente.

A pesar del hecho de que los SEO pueden proporcionar un servicio útil para sus clientes, algunos SEO no éticos han puesto una mala luz en toda la categoría con sus esfuerzos de marketing demasiado agresivos y los intentos de manipular de forma inadecuada los resultados de los motores de búsqueda. Las prácticas que violan nuestras directrices pueden resultar en un ajuste negativo de la presencia de su sitio en Google o incluso la eliminación de nuestro índice.

Aquí hay buenas preguntas que usted puede hacerse acerca de SEO:

• ¿Puede mostrar ejemplos del trabajo que ha realizado anteriormente y decirme algunos casos de optimizaciones exitosas?

- ¿Sigues las Pautas para webmasters de Google?

- ¿Ofrece servicios de marketing en línea o consejos para complementar su negocio de búsqueda orgánica?

- ¿Qué tipo de resultados esperas lograr y en qué momento? ¿Cómo se mide su éxito?

- ¿Cuál es su experiencia en mi nicho?

- ¿Cuál es su experiencia en el desarrollo de sitios internacionales?

- ¿Cuáles son las técnicas de SEO más importantes?

- ¿Cuánto tiempo lleva esta actividad?

- ¿Cómo puedo comunicarme contigo? Conmigo, ¿todos los cambios a mi sitio web y usted proporcionará información detallada acerca de sus recomendaciones y las razones que le subyacen?

De todos modos, te revelo mis secretos rápidos y prácticos para hacer SEO:

- Nombre de dominio y el sitio web "altamente" identificando su negocio (Netsons para comprar su dominio de una manera segura)

- Hosting rápido y seguro como Hostgator (te aconsejo el "Baby Plan" que yo uso)

- Evite poner el texto en formato de imagen

- Etiqueta el título y la descripción con etiqueta optimizada

◊ Lista de correo (tráfico que puede obtener de su lista de correo electrónico)

Vamos a ver cómo usar la lista de suscriptores (utilizando páginas de squeeze y blogs) para obtener tráfico de calidad y de forma automática.

• Autoresponder

Ya le hablé a usted acerca de cómo es útil un autoresponder. El objetivo es crear una relación con su objetivo y luego enviar un e-mail en el que usted habla de usted, su posicionamiento de marca, el hacer preguntas, responder preguntas, etc ...

Los correos electrónicos suelen contener el tema más importante que enfrenta en su sitio web, que puede ser de interés para sus usuarios, y contienen enlaces que apuntan a su sitio.

El mercadeo por correo electrónico es una excelente manera de "alimentar" su tráfico, y también venden su producto / servicio vinculando la página de ventas, y sobre esto, evita enviar correo electrónico el lunes, viernes, sábado y domingo.

Evite también períodos de vacaciones (agosto, vacaciones de Navidad, etc) a menos que exista una razón específica relacionada con su producto.

Siempre envíe en la mañana temprano (idealmente a las 6.00 A.M.) y NUNCA por la tarde.

• Nuevas notificaciones (difusión)

Enviar notificaciones a su lista de correo electrónico de nuevos mensajes a través de autoresponder, exclusivamente para nuevos contenidos y artículos, tanto para traer tráfico, como para mantener una relación con las personas a las que les dio la confianza para suscribirse a su lista de correo.

◊ Marketing de contenido (tráfico que obtiene al publicar contenido)

Crear contenido es la mejor manera de construir credibilidad y obtener el tráfico libre de los motores de búsqueda.

"El contenido es el rey", dice una famosa cita de Bill Gates en 1996

Cuanto más se escriba el guion pensando en la audiencia, más eficaz será la revelación.

Especialmente en algunos casos específicos, hay información / palabras que atraen la atención más que otras, dependiendo del público objetivo.

Lo que necesitas hacer con este contenido es:

• Atrapar la atención

El guión debe ser claro, conciso y enfocado al punto desde el principio

• Para que el contenido sea fácilmente analizable

Evite grandes bloques de texto ininterrumpido. Utilice los títulos (encabezados), subtítulos (subtítulos) y viñetas (viñetas) para dividir el texto y haga separaciones.

Palabras clave destacadas (palabras clave resaltadas) y párrafos cortos

• Que sea original

El contenido exclusivo es una clave de gran interés para los usuarios y establece nuestra relevancia y autoridad.

Idealmente, el usuario debería ser capaz de detenerse a leer cualquier punto del texto, pero tras haber obtenido ya el sentido del contenido.

Pruebe más versiones del mismo texto que escribió

Siempre que sea posible verifique qué versión generó un mayor número de retroalimentación positiva (tasa de conversión, la tasa abierta de correo electrónico, etc ..)

•Tutorial

"Cómo hacer", los puestos que enseñan a resolver un problema particular, y satisfacer un deseo.

Es importante identificar en cualquier nicho que usted cuide, las cosas que su público objetivo no puede hacer y proporcionarles soluciones muy prácticas y específicas.

Le permite convertirse en el punto de referencia para su audiencia.

- Servicio de noticias

El newsjacking es una técnica que puedes usar para crear nuevas ideas a partir de viejos argumentos. Se trata de explotar una tendencia muy popular para llamar la atención sobre su marca y su producto.

Por ejemplo, el artículo "3 lecciones de negocios de X-Men" se aprovecha de la popular serie de televisión para hablar de algo completamente diferente.

- Entrevistas

Usted debe encontrar un experto en un campo particular o una persona interesante, para que se convierta en el vínculo entre la persona y su audiencia.

Lo importante es que sus seguidores le asociarán a esta persona, convirtiéndose en una referencia a ese tema también.

Al mismo tiempo, aumenta su experiencia y conocimiento.

Es fácil de preparar y puede ser rico en contenido si sabe hacer las preguntas correctas.

- Curación de contenido

Organiza un contenido ya publicado sobre un tema específico.

Es un servicio útil para una persona que se enfrenta a una gran cantidad de información, incluyendo la búsqueda de la solución a su problema o un deseo para cumplir.

Una buena manera de utilizar la Curación de contenido es aprovechar lo que la gente quiere o los errores que les gustaría evitar. Por ejemplo, el miedo es una fuerte motivación para los seres humanos. Puede ser el miedo a perder algo, no a conseguir algo, a cometer errores. Un artículo sobre los errores típicos en un área seguramente recibe mucha atención.

Un ejemplo es "Cómo evitar 7 errores típicos de principiantes infopreneurs."

Así que utilice información diferente de diferentes fuentes para crear contenido original.

Puede mezclar los tipos anteriores de marketing de contenido en diferentes formas: videos, artículos, audio, libros electrónicos gratuitos y libros electrónicos pagados.

Entre todos ellos, los videos son una forma cada vez más popular y aceptable de compartir contenido, entretener y participar. Es posible dar información y transmitir su experiencia de su nicho.

Es una gran manera de facilitar el compartir contenido, aumentar la conciencia de su posicionamiento de marca y mejorar su sitio web (por ejemplo, la página de ventas en la que describe su producto).

IMPORTANTE: preste atención a la duración del vídeo, que depende del propósito y del contenido del vídeo. En general, cuanto más duran los videos, más probable es que no se vean hasta el final. La longitud ideal es 2/3 minutos, centrándose en los primeros segundos para entregar los mensajes más importantes y la participación.

◊ **Marketing de medios sociales**

El principal objetivo de las redes sociales es compartir su contenido y crear una red de personas.

Son un gran aliado para aumentar la conciencia de la marca y los valores asociados con ella.

Sobre eso:

• Comience siempre escuchando

Observe el contenido de sus competidores y haga diferente su marca, centrándose en el tema más específico.

• Gestionar críticas

Señale los errores de sus competidores, sus debilidades, que son en cambio sus puntos fuertes.

Además de la proliferación de hoy de las plataformas sociales pueden complicar en gran medida la tarea de seguimiento de todo lo que sucede en las cuentas de redes sociales diferentes.

Afortunadamente, los instrumentos llamados "tablero de medios sociales" facilitan la consolidación de los flujos de trabajo relacionados en una sola página web conveniente.

El más famoso de estos es HootSuite.

•Facebook

Su "perfil personal" le permite compartir su contenido y es un excelente lugar para comenzar, especialmente si su sitio puede ser un tema interesante para sus amigos.

La "página" es un paso necesario también, pero debe haber un buen equilibrio entre el contenido, la comunicación y la "gamificación" (concursos, entretenimiento).

•Twitter

Usted puede compartir enlaces directos a través de tweets, pero el mensaje dura media hora.

Es útil para crear su marca a través de hashtag (conocimiento de la marca), pero no tanto con respecto al tráfico.

•Instagram

La única manera en la que puedes poner solo un enlace que se puede hacer clic es a través de tu biografía.

Trabaja para conseguir seguidores y mostrar sus propios mensajes, pero para obtener tráfico no es tan poderoso.

•Youtube

Es una red social muy fuerte. Todos los tipos de contenido pueden estar contenidos en formato de video, y puede agregar un enlace a la descripción del video.

Puede utilizar las anotaciones o los banners que aparecen durante el video, y los puede manipular como desee, como la llamada a la acción.

Además, a través del video relacionado con el tuyo aumentas la posibilidad de ver tus vídeos.

Las redes sociales te acercan a la gente, y te da las herramientas para mejorar la relación de las personas con tu marca.

Hacer una buena impresión en línea es importante como cuando se trata de clientes cara a cara.

Así que, ¡transmita entusiasmo y pasión! ... Estamos hablando de su negocio :)

El objetivo es:

- Mejorar su perfil de negocio y posicionamiento de marca
- Supervisión de conversaciones y gestión de su reputación en línea
- Identificación de tendencias en su mercado
- Gestión del flujo de información

◊ Tráfico pagado

Cuando su sitio web está optimizado para vender, el tráfico de pago puede ser una gran manera de aumentar el tráfico y los ingresos.

IMPORTANTE: Si desea minimizar la posibilidad de perder dinero mediante publicidad pagada cuando entiende a su público objetivo específico, y ha aprendido a comunicarse en Internet, cree su audiencia y hagale saber que está actuando en sus mejores intereses.

El pago por clic (a menudo abreviado como PPC), también conocido como costo por clic, es un modelo de publicidad en línea utilizado para dirigir el tráfico a sitios web; El anunciante paga una tarifa uniforme en proporción al clic que recibe, que es sólo cuando un usuario hace clic en su anuncio.

- Google Adwords es un buen ejemplo del sistema PPC.

En este caso, Adwords "satisface" una demanda activa de personas que buscan un determinado tema y le permite posicionarse entre los primeros sitios web en el SERP.

Si usted hace bien su publicidad y asocia las palabras clave adecuadas, entonces usted sabe que la gente que va a escribir sus palabras clave y que encontrarán su publicidad.

Sin embargo, durante los últimos años, debido a la alta competencia, Adwords aumentó el coste por tecleo considerablemente, llegando incluso a ser "prohibitivo" en algunos nichos.

Si no quieres tener una mala experiencia con Adwords, sigue escrupulosamente el curso proporcionado por Google mismo, que puedes encontrar aquí: https://goo.gl/roRhLN

1. Comience sin invertir mucho dinero. Hay opciones que le permiten establecer el presupuesto que desea utilizar para la publicidad, así que asegúrese de no gastar más de lo que ha elegido.

2. Si las cosas no van bien, trate de mejorar su marketing y / o optimizar sus campañas de Adwords. Y si las cosas siguen fallando, entonces deje de perder dinero con esta herramienta y cambie a otras fuentes de tráfico.

• Anuncios de Facebook

Otro sistema de PPC muy potente y potencialmente rentable es Facebook Ads.

A diferencia de Google, el anuncio no aparece porque alguien hizo una búsqueda en Facebook, sino que lo hace de acuerdo con diferentes tipos de perfil, que se basa en quién eres, tu edad, tus "gustos", páginas similares en las que has hecho clic o compartido. Sus intereses en general.

En este momento es un sistema muy económico (como lo fue Adwords) y se puede llegar a un gran número de personas con unas pocas decenas de euros por día.

• Otros servicios sociales

En realidad, Twitter e Instagram son menos rentables que Facebook.

Personalmente te aconsejo que mantengas un ojo en los anuncios de Youtube si estás interesado en hacer videos.

Entre todas estas formas de tráfico de las que hemos hablado, yo personalmente te aconsejo que comience con publicidad de invitado para construir su red con otros influyentes porque es libre y más que eso tenga en cuenta: "su red es su patrimonio neto".

Capítulo 9

Incrementa tus ventas haciéndo creer a la gente todo lo que les escribes

El copywriting es una técnica para escribir texto que "influye en las personas y las impulsa a tomar una acción deseada"; Use palabras para causar una reacción - la reacción que usted desea - en el lector.

La redacción no tiene nada que ver con el regalo de la escritura, por lo que, si usted no sabe cómo escribir, usted será capaz de escribir lo que necesita para la redacción ...

... ¡Esto no significa que usted puede permitirse el lujo de cometer errores gramaticales y errores de sintaxis!

La redacción, normalmente, tiene estos objetivos:

1. Persuadir. Superar todas las dudas para convencer a su audiencia de la bondad de su oferta.

2. Activar. Su público no sólo tendrá que pensar que el producto X es el mejor, sino que también debe pensar "ok, lo voy a comprar".

Los pilares de la redacción

Hay numerosos desencadenantes psicológicos que producirán una reacción inmediata con su audiencia. Usted debe estudiar estos disparadores, entender el demográfico en que se comercializan, y luego elegir uno que es más apto para apelar a su segmento de mercado.

Por ejemplo, digamos que usted está vendiendo un producto que podría tener muchos competidores en el mercado. Por lo tanto, usted quiere asegurarse de que quien entre a su página de ventas le ordene a usted, en lugar de tomarse el tiempo para ir a los competidores y comparar las ofertas. Usted encuentra que su demográfico consiste en gente de negocios que están acostumbrados a los plazos y quieren obtener un buen trato.

Por lo tanto, implemente una oferta limitada en el tiempo para activar el comportamiento de compra ahora y hacer que sea incómodo para ellos tomarse el tiempo para buscar otros lugares por miedo a perder mucho. En ese caso, usted lista su mayor beneficio, pero también deja claro que la oferta sólo está disponible durante las próximas 12 horas o hasta que el producto se venda.

Como un vendedor del Internet, usted tiene que saber que la gente compra por impulso muchas veces. Ellos pueden darle una explicación racional después de las ventas que se completen, pero en última instancia, mucho comportamiento de compra es una respuesta emocional a un desencadenador de marketing en particular. Algunos de los disparadores que puede utilizar son:

- **Facilidad de uso**

Si ha encontrado una solución a un problema que simplifica seriamente la vida de las personas, obtendrá un montón de ventas.

- **Estado**

Si su demografía es abundante, entonces pueden estar buscando símbolos de estado para diferenciarse de la gente común.

- **Pertenencia**

Las personas se unen a todo tipo de grupos donde sienten un sentido de comunidad o de pertenencia. Si puede vincular su producto o servicio a una identidad de grupo que es grande y lucrativa, puede obtener un buen número de ventas con este disparador.

- **Aversión al riesgo**

Si su cliente está va a perder por no tomar una oferta limitada en el tiempo o cantidad limitada, se apresurarán para cerrar la venta más a menudo que si no se hiciera.

Además, hay dos puntos clave que siempre debe tener en cuenta cuando se escribe cualquier texto copywriting.

1. La razón principal por la que la gente actúa es MIEDO

La gran mayoría de la gente gasta mucho tiempo y energía para escapar de algo percibido como un peligro, en lugar de lograr un beneficio.

Podemos enumerar 7 razones principales por las que la gente está comprando:

• Miedo

• Deseo de ser importante

• Avaricia

• Deseo de ganar

• Confort

• Deseo probar una experiencia única

• Sexo

Entre todos ellos, el más importante es el miedo ...

... Tener miedo de perder algo, o no ganar algo, de quedarse atrás y así sucesivamente.

Como te dije, la gente tiende a activarse más cuando se sienten temerosos de perder algo que el desean obtener.

2. Una poderosa palabra desencadenante: "errores".

Dado que estamos aterrorizados por el temor de cometer errores, siempre volvemos nuestra atención a este tema, para evitar cualquier posible error que estemos atravesando.

También, usar el concepto de "error" funciona maravillosamente si es usted quien primero admite un error que usted cometió, no importa si es real o no (pero tiene que ser improbable)

Uso de disparadores con imágenes

Algunas de las formas de influir en la psicología del lector que visita su página de ventas es utilizar disparadores visuales. El humor es una manera segura de dibujar al lector en su copia; Sólo tenga cuidado de no hacerlo craso, poco profesional, o tan simplista que insulte al lector. Hay una línea fina entre el humor y el disgusto.

Golpear la nota correcta puede conducir a una manera maravillosa de conectar con el lector y de traerlos a una relación más íntima con sus productos y servicios.

Los mejores tipos de humor son los que toman algunas facetas comunes de la conducta humana y ligeramente se burlan de ella. Inmediatamente atrae al lector quien puede relacionarse con la imagen y ayuda a ponerlos en posición de poder reírse de la condición humana.

Es absurdo, pero también puede ser una oportunidad para vender su mayor beneficio si sus productos o servicios son capaces de hacer frente a esa situación y proporcionar un resultado.

Modelo "AIDA" y el idioma que debe usar

El modelo "AIDA" es lo que debe usar en su copia.

Atención.Interés.Deseo.Acción

Para captar todos estos 4 puntos, necesitas "hablar" con tu cliente potencial como si estuvieras "hablando" con un amigo al que le das un buen consejo.

• Debe escribir usando un tono que usa diariamente con sus amigos. Oraciones siempre muy cortas y claras.

IMPORTANTE Ésta es la esencia principal del copywriting: ¡escribir como usted "charla" a un amigo ...!!!

... mire con cuidado que NO esté escrito como si "escribiera" a un amigo. Usa esas palabras y esas pequeñas imperfecciones gramaticales que usaría en un discurso de voz.

Así que no te preocupes si tu "conversación" es simple, sé feliz de esto. Y si no, hazlo simple.

¿Cómo pretender ver amigos en personas que no conoces?

1. Póngase en los zapatos de su cliente potencial

El objetivo es iniciar una conversación sobre un tema que ya está en la mente de su cliente potencial.

Así que usted tiene que imaginar a su cliente potencial y crear un verdadero "avatar" de su cliente potencial:

- ¿Hombre o mujer?

- ¿Qué edad tiene?

- ¿Qué calificaciones tiene?

- ¿Qué hace?

- ¿Cuánto dinero gana?

- ¿De qué tiene miedo?

- ¿Cuáles son sus necesidades y deseos más profundos?

- ¿Cuáles son sus dudas y objeciones?

Tome un papel y anote algunas notas respondiendo a estas preguntas.

Una vez en su mente, quedará claro QUIÉN es su cliente promedio potencial, entonces verá que escribir una buena copia será mucho más simple y, sobre todo, eficaz.

2. Aprender el idioma específico

A veces es necesario usar los términos o hablar de temas que le permitan ser considerado como un "amigo" de su cliente potencial, aunque en realidad usted todavía sabe un poco de su interés.

Mientras que usted es probablemente un familiar en su lugar, también utilice palabras específicas de ese lugar que la gente utiliza normalmente: el cliente potencial le reconocerá como persona que pasó por la misma situación y que ahora tiene la solución de eso.

En cualquier caso, comience con Google y busca las palabras clave más comunes de ese nicho. Puede ser interesante el uso de blogs, porque muy a menudo el material textual es mayor y por lo tanto es más fácil de entender que las "palabras mágicas" pueden desencadenar el cliente potencial promedio.

Tenga cuidado porque usted tiene que entender cómo estas palabras se están utilizando y en qué contexto.

El objetivo es encontrar alguna frase, alguna historia también, unas pocas palabras que puedas usar en tu texto para ser percibido como "uno de ellos".

La adquisición del lenguaje se puede enfocar más que cualquier otra cosa, en un problema clave del visitante.

Como ves el copywriting tiene poco que ver con "habilidades de escritura" y mucho en común con "ser bueno en la mente de la gente que te lee" (entenderlos).

Un redactor es una persona que tiene curiosidad, sentimientos y percibe los sentimientos de otras personas.

¿Por qué la gente compra?

La gran mayoría de la gente compra emocionalmente y luego justifica racionalmente la compra que acaba de hacer.

Esto implica que usted tiene que trabajar en las emociones del lector y no en su racionalidad.

1. Céntrese en los deseos y la satisfacción de sus necesidades medias de los clientes

2. Evite un lenguaje frío y técnico para centrarse en las palabras que "mueven" poderosas emociones dentro de la gente

Ahora debe quedar claro que la gente no compra productos y servicios, sino soluciones a problemas y satisfacción de deseos. Por lo tanto, se engaña si usted piensa que puede vender sólo al centrarse en las características del producto que ofrece.

¡Las características de un producto se basarán siempre en los beneficios y resultados que el cliente REALMENTE quiere! ...

Para golpear las emociones de su cliente potencial, siempre trate de usar un lenguaje emocionalmente fuerte que vehicule imágenes concretas donde el cliente medio pueda fácilmente "reconocerse y personificarse" a sí mismo.

Ejemplo: no digas "gracias al producto XY también puedes perder peso", sino "imagina cuándo pese 25 kg menos y ya no te sientas avergonzado de mostrarte en la playa".

Cómo aprender la técnica copywriting de la manera más rápida posible

¡De acuerdo! ¡Ahora que ha aprendido los fundamentos de la redacción de textos la manera más rápida de aprender es practicar!

De ahora en adelante, cada vez que usted esté escribiendo un correo electrónico, un mensaje, etc... comience a escribir de manera copywriting.

Practique el leer y escribir los buenos anuncios y reescribir los malos para mejorarlos y mantenerlos ... hasta que la fórmula, la idea y la sensación de este tipo de escritura de anuncios se conviertan en una segunda naturaleza para usted. Esta es la ÚNICA MANERA de ganar experiencia en la escritura copywriting, incluyendo anuncios clasificados.

En otras palabras, olvídese de la estructura. No intente parecer profesional a toda costa.

En su lugar, cualquier comunicación hágala como si se tratara de copywriting.

• Oraciones cortas

• Divida la comunicación en párrafos cortos para facilitar la lectura

• Utilice un lenguaje fácil de entender que suene como un diálogo de voz

• Tratar de desencadenar una respuesta emocional (como el miedo), use imágenes concretas, mantenga alejada la lógica fría y dura.

Capítulo 10

Análisis web: medición y mejora

Estoy seguro de que recuerdas cuando te dije que en Estados Unidos la gente dice: el dinero está en la lista.

Bueno, ¡no estoy de acuerdo! A través de mis experiencias puedo decirle sin ninguna duda que "el dinero está en el seguimiento", porque por el seguimiento de saber lo que está funcionando, lo que no y lo que necesita mejorar.

De hecho, a través de la analítica digital tenemos acceso a una enorme cantidad de datos que nos dicen, lo que funciona de nuestro plan de marketing y lo que puede mejorar.

Es una poderosa fuente de información que puede ayudarle a ampliar su negocio lo más rápido posible.

Puede rastrear todo en su negocio, y mediante el seguimiento, convertir su embudo de conjeturas en un proceso científico que le dice exactamente qué hacer para maximizar sus beneficios.

Imagine que tiene dos versiones diferentes de su oferta y prueba ambos. La versión A está haciendo la mitad de las ventas que la versión B, así que ¿qué haces? Elimina la Versión A, envía todo tu tráfico a la Versión B y empieza a probar para mejorar aún más la Versión B. Usando este método su negocio está garantizado para mejorar con el tiempo - Es así de simple.

Si usted no rastrea y prueba, entonces cada venta que usted consigue será de pura suerte muda. Además, usted dejará más dinero en la mesa de lo que usted pueda incluso adivinar.

No sólo pierdes todas las ganancias que habrías hecho con las conversiones incrementadas, sino que también perderías todo el beneficio que hubieras podido obtener al reinvertir el beneficio extra en más tráfico. Piénsalo.

De acuerdo con la definición de la Web Analytics Association:

"Web Analytics es la medición, recopilación, análisis y generación de informes de datos de Internet para comprender y optimizar el uso de la Web".

La Web Analytics tiene como objetivo comprender y mejorar la interacción del usuario con la web, y consiste más precisamente en el reconocimiento de su comportamiento a través de software y herramientas adecuadas.

Ahora vamos a ver con más detalle lo que se está supervisando.

Hay cuatro categorías que hay que vigilar y que ya hemos enfrentado:

1- Publicidad: actividad de promoción de su negocio a través de varios canales

2- Página de Squeeze: que tiene el objetivo de convertir el lead en un prospecto

3- Lead Nurturing: que tiene el objetivo de educar a sus clientes potenciales y convertirlos en prospectos

4- Página de ventas: que tiene el objetivo de vender su producto / servicio

Más profundo ...

• Publicidad

Análisis de publicidad extrapola los datos de la publicidad y las campañas para ayudar a los vendedores a orientar sus anuncios mejor y entender la eficacia de sus gastos. Así que, para cada fuente de tráfico diferente o tipo de creatividad, los vendedores pueden entender lo que está funcionando, y lo que no y optimizar sus campañas como consecuencia.

En este caso lo que hace la diferencia es empezar a hacer publicidad con A / B Split test, lo que significa dos campañas publicitarias similares, pero con sólo un elemento diferente, como por ejemplo el texto o la imagen, y averiguar cuáles son las campañas que han generado la mayoría de clics y luego la conversión en la página de squeeze.

- Página de Squeeze

En este caso, significa entender a través de datos específicos cómo los usuarios encontraron su sitio web y cuál es la tasa de rebote.

Haga un Split test en su Squeeze Page y en su página de agradecimiento. Haga el Split Test las ofertas, los titulares, el texto, etc. Pruebe todo y no sólo pruebe algo pequeño – haga pruebas grandes, también. Intente un título totalmente diferente, y una oferta totalmente diferente, etc. Pruebe también pequeñas. Prueba diferentes colores, diferentes llamadas a las acciones y así sucesivamente.

Cuantas más personas haya optado y más gente haya comprado en su página de agradecimiento, más dinero ganará y más dinero podrá invertir en publicidad.

Debe utilizar estos datos para entender si hay partes de la página de compresión que son difíciles de usar para los usuarios y si se pueden mejorar. Por ejemplo, puede suceder que un gran número de usuarios no deje su dirección de correo electrónico porque no encuentran información clara, o no hay una llamada clara a la acción, los colores o fuentes no son apropiados, y la lectura no es fácil.

- Educar al Lead

Comience por mirar su tasa de cancelación de suscripción, que debe permanecer por debajo del 1% en todo momento. Si es más alto para un segmento de lista en particular, esto es una indicación de que el contenido que envía no es relevante para ese segmento de lista.

Tasa de clics: proporción de la audiencia que hizo clic en uno o más vínculos contenidos en el mensaje de correo electrónico principal.

Los vendedores que sufren una baja tasa de clics para un segmento de lista en particular no han alineado su oferta con sus clientes potenciales en esa lista.

Tasa de conversión: el porcentaje de clientes potenciales que hicieron clic en un enlace dentro de un correo electrónico y completaron la acción deseada.

Tiempo para la conversión del cliente: el tiempo que tarda una empresa líder en convertirse en cliente.

Costo por cliente - el costo de comercialización para adquirir un nuevo cliente

Con el tiempo, su costo por cliente debe disminuir a medida que más leads anden en la orilla de la parte superior del embudo y se nutran adecuadamente a través de la parte inferior del embudo - hasta que finalmente se convierten en un cliente. Compruebe esta métrica mensualmente para asegurarse de que sus esfuerzos de nutrición de lead permanezcan rentables.

- Página de ventas

Un número de visitas. El número total de personas que entraron en la página.

Porcentaje de rebote. El porcentaje de visitantes que salieron de su página sin hacer nada.

Duración promedio de la visita. Tiempo total dedicado al sitio web.

Actas. El número total de compras generadas por esa página de destino.

Tasa de conversión. El porcentaje de visitantes que compró.

Tiempo medio de compra. ¿Cuántas visitas se llevan a una perspectiva antes de comprar?

El hilo que une estos ejemplos es el hecho de que hacer análisis web significa hacer la optimización de marketing, aumentando así la eficiencia de su sitio web. No significa simplemente recoger una gran cantidad de datos sobre el comportamiento de los visitantes, sino estudiar una traducción de estos datos en acciones precisas para mejorar sus estrategias de marketing y, por tanto, aumentar los beneficios.

IMPORTANTE: No existe una fórmula "mágica" que funcione para cada vendedor, porque lo que realmente importa es cómo su público objetivo "reacciona" a su comercialización.

También lo hacen los experimentos, experimentos y experimentos otra vez, hasta que descubras cuál es la fórmula y la estrategia con la mayor tasa de conversión.

Si no está seguro de lo que está funcionando, siempre puede hacer una prueba dividida y configurar dos versiones de la misma oferta.

Dirija la mitad de su tráfico con un pequeño pedazo de código en una página que redireccione a una oferta y la otra mitad a la otra página de ventas. La página de ventas que crea mejores resultados es el mejor formato.

De esta manera, usted puede mejorar continuamente el diseño y la eficacia de su página de ventas probando diferentes técnicas. Comience lentamente cambiando sólo un elemento de la página de ventas si está haciendo una prueba dividida, como ofrecer dos versiones con un título diferente.

Una vez que haga esa prueba y averigüe qué título funciona mejor, puede pasar a una prueba dividida en el elemento de llamada a la acción. Poco a poco, obtendrá una mejor idea de lo que funciona para su demográfico y los productos de una manera que se adapte exclusivamente a su negocio y ofertas de productos.

Supongo que usted está pensando esto: "ok todo es genial, pero ¡¿cómo lo hago ?!"

No te preocupes, debes utilizar Google Analytics que rastrea e informa el tráfico del sitio web y tus cuentas de redes sociales.

Acerca de los datos de las campañas de correo electrónico, Aweber registra e informa de cada uno de ellos.

Te diré una última vez porque es muy, muy importante: rastrear y probar todo.

El seguimiento a sus fuentes de tráfico, prueba de sus conversiones en su página de squeeze y su página de agradecimiento, el seguimiento de los correos electrónicos que son eficaces y así sucesivamente. Cuanto mejor rastree y pruebe, más podrá hacer. Es así de simple. Obtenga software de seguimiento y utilicelo tan pronto como sea posible, ya que puede hacer toda la diferencia. "Improvement" es un buen software de seguimiento de conversiones también. Recuerde, sin seguimiento, simplemente está adivinando, y puede perder mucho dinero cuando está adivinando.

Conclusión

Así que, ¡¿cómo está la situación hasta ahora amigo?!

Tenga en cuenta cuál es la estrategia que realmente funciona en línea:

Análisis ◊Plan ◊ Hacer su propio embudo ◊ Medición ◊Mejoras ◊ Dinero

Fuimos en profundidad explicando lo que es un embudo de ventas y cómo hacerlo paso a paso.

Trafico Web -> Página de Squeeze o página de opt-in -> O.T.O (opcional) ◊ email para publicidad (Seguimiento) -> Página de ventas -> DINERO

Así es como se configura un embudo de tráfico. Como se puede imaginar, al inicio es lo más difícil porque estás en una curva de aprendizaje. Pero una vez que dominas la habilidad de la creación de un embudo, puedes hacerlo una y otra vez en cualquier nicho que usted elija.

Imagine por un momento que usted instaló un nuevo embudo sólo una vez cada 3 meses para los próximos 3 años. Eso es 12 embudos diferentes, todos trabajando para usted noche y día para hacer dinero. Es posible que desee actualizarlo de vez en cuando para promover nuevos productos que vienen en el mercado, pero aparte de eso, estas mini-empresas están configuradas y funcionando para usted.

Esto puede ser una de sus mejores opciones para dejar su trabajo o hacer el dinero extra que necesita para su jubilación. Y no es ciencia de cohetes, es simplemente tener una idea de lo que su mercado quiere junto con un montón de seguimiento para optimizar todo el proceso.

Su primer paso ahora es elegir un nicho y empezar. Usted no tiene nada que perder y tiene la libertad financiera total para ganar, así que por todos los medios, empiece hoy.

Los mejores recursos para hacer dinero en línea

Aweber: Autoresponder

Jvzoo: Promueva su programa de afiliados

Netsons: Compre su dominio de forma segura

Hostgator: Compre su espacio de alojamiento rápido y seguro

Leadpages: cree su página de acceso rápido rápidamente

Fiverr: Obtenga su cubierta de 5 $